APUNTES PARA UN DUELO

ExLibric

CARMEN RODRÍGUEZ MARTÍNEZ

APUNTES PARA UN DUELO

EXLIBRIC

ANTEQUERA 2022

APUNTES PARA UN DUELO
© Carmen Rodríguez Martínez
© de las imágenes de cubiertas y de interior: Meren Arias Rodríguez
Diseño de portada: Dpto. de Diseño Gráfico Exlibric

Iª edición

© ExLibric, 2022.

Editado por: ExLibric
c/ Cueva de Viera, 2, Local 3
Centro Negocios CADI
29200 Antequera (Málaga)
Teléfono: 952 70 60 04
Fax: 952 84 55 03
Correo electrónico: exlibric@exlibric.com
Internet: www.exlibric.com

ISBN: 978-84-19092-94-6
Depósito Legal: MA 215-2022

Nota de la editorial: ExLibric pertenece a Innovación y Cualificación S.   L.

CARMEN RODRÍGUEZ MARTÍNEZ

APUNTES PARA UN DUELO

A la memoria de mis padres,
Consuelo y Francisco

A mis hermanos a los que tanto quiero,
Antonia, Kiko, Boni y Consuelo

A mi querida maestra Gloria Fernández Rozas,
con gratitud por mostrarme el camino
de regreso a la escritura.

cabeza de
la mosca

ojo compuesto

0,5 mm

seudotráquea

antena

la cabeza consta
de piezas bucales
dispuestas para
lamer, succionar
y lamer

cabeza

palpo maxilar

seudotráquea   labium

PARTE PRIMERA

LAS HUELLAS DE ALICIA

Otras veces
me ponías el vestido
de los domingos
a juego con mi pelo.

Yo era la princesa
con olor a gasolina
en aquella furgoneta.

Mi vestido amarillo
de los domingos
a juego con el amarillo
de las semillas
que no germinan.

El viaje era corto,
los pies no me llegaban
al suelo.

Aceite en la guantera,
olor a gasolina.

Yo era Alicia en el País de las Maravillas
y tú no eras mi mago de Oz.

LA CHARCA

Las ranas
de cada verano.

Olor a agua estancada
en las sandalias
entre los dedos de los pies.

Olor a mata de tomate
mezclado con sudor
de adolescente.

Picaduras de insectos,
la piel que muda
cada madrugada.

Rompen los botones y las costuras,
revientan las larvas
que matan a los niños.

No hay miel
en los panales,
ni agua en la charca.

ESPACIO DE JAZMINES

¿Te acuerdas tú?
¿Te acuerdas de entonces?

Espacio de geranios
y jazmines.

Noches inundadas
de estrellas.

Yo vivía en un campo
de amapolas rojas,
rojas como la sangre roja.

Me colgaba de sus frágiles tallos,
trepaba hasta llegar al polen
de los estambres;
cerraba los ojos,
soplaba con fuerza
y todo eran risas y estornudos.

La niña que corre y corre
en el bosque de los frágiles tallos.

Un mar de amapolas
sin la salida.

Y MIENTRAS TE PEINABAS

De aquel cabello salían
mariposas de colores.

Cuando lo descomponías,
lo dejabas caer sobre tus hombros.

Era algo mágico.

Cada uno de tus cabellos,
un recital de primaveras

Las viejas manos
deslizaban el peine
lentamente,
como perfectas
directoras de orquesta.

Mis ojos danzaban
al compás
de tu perfume,
mientras mi corazón
destilaba melodías.

La tarde quieta.
La hora de la siesta.

Los gatos pasando
entre tus piernas
y las mías.

CUANDO EL SOL QUEMA

Niña rubia tras las moscas
de aquel verano.

Llegan sonidos,
el calor sepultado en la piel.

Niña rubia tras las moscas.

El silencio que atormenta
la mente de la pequeña niña.

Es la hora de la siesta.
Todos duermen, ella no.

Cal en las paredes
y en las tumbas
la niña ciega
los rayos caídos del sol.

Tras las moscas,
gira y gira en círculos.

El sol aprieta.

La niña canta
nanas a las moscas.

Pero las moscas
lo invaden todo,
se posan en las bocas
de los que duermen,
recorren los cuerpos desnudos,
ofrecidos y exhaustos.

Nana de las moscas.
Duerme, duerme,
mi niña.

Pero no duerme.

Detrás de las cortinas
de aquellas casas
velan a los muertos.

Las manitas pequeñas
espantan a las moscas
que salen de las bocas.

Lloran y ríen tras las cortinas.
Las campanas de la iglesia
tocan a muerto.

No hay nadie en las calles.
Nana de las moscas
la niña gira y gira.

Vestido blanco,
vueltas y más vueltas.

Los bracitos extendidos al sol.

La ciega luz
y las moscas,
que nunca duermen.

CHARCOS

El agua llega
a las rodillas de ocho años
y al cuello
cuando pisa los charcos.

El agua penetra
mientras la niña
se ahoga en los charcos.

Se tira de cabeza en los charcos
de agua marrón.

Tira piedras en los charcos,
salta sobre los charcos.

Tras la tormenta,
llega a la casa
con las botas llenas de agua:

un secreto
que no comparte con nadie.

ANOCHECE

Niños en la calle jugando
al caer la tarde.

Las golondrinas vuelan
a ras de sus cabezas.

Improvisados juegos.

Cordones de zapatos,
trozos de madera,
alguna que otra flor marchita.

Rodillas rotas,
un agujero en el alma.

El
escalón
de
la
casa.

La noche
que cae lentamente.

Risas y aromas de verano
apurando el último aliento de la tarde

La noche cae,
cae y se desploma en un cielo negro
sin golondrinas.

TABACO NEGRO

De mis primeros cinco años
guardo pocos recuerdos.

Mi padre masticaba
jamón durante un rato
y me lo daba a comer.

El jamón sabía a tabaco negro,
igual que el humo de sus cigarrillos.

Esa fue la edad
en la que empecé a fumar.

Muchos años después
aprendí a comer sola
el jamón.

CONVERSACIONES

Tuve pocas conversaciones
con mi padre.

Una vez se sentó en una silla junto a mí.
Yo era más bien una niña introvertida
en aquellos años.

Había espigado como el trigo
con los primeros
amarillos de un verano
indeterminado, discreto, solitario,
solo presente en mi memoria.

Mi padre se acercó más de lo habitual.
Le olía el aliento a tabaco negro.
Eso nunca lo he podido olvidar.

Yo no le entendí.

Me habló del fuego,
de la temperatura,
de los hombres malos.

Yo solo entendía
que le olía el aliento
a tabaco negro.

Años después lo vi llorar
por primera vez
cuando le dije adiós.

BOCAS DEL RECUERDO

Pero ya somos
muchos los que ahogamos
las bocas del recuerdo
con flores muertas.

Hoy ya no tengo
más respuestas.

Mi madre nunca
me dijo nada.
Recogió con sus manos
aquellos cadáveres
de los últimos días
de mi infancia.

Amapolas marchitas
que nunca volverán
a mecerse con la brisa.

CUANDO QUISE RETARTE

A los trece años
me corté mi trenza.
No pedí permiso.

Mi madre la guardó
en un pañuelo
con naftalina,
con la ternura del que entierra
a un niño muerto.

Aquella tarde esperé
a que llegaras,
vestida con la ropa
de mi hermano.

Fue el día
en el que yo quise ser
mi hermano.

Estaba plantada ahí,
como un joven hombre
recién nacido,
dispuesta a mirarte a los ojos
por primera vez.

A desafiarte
por primera vez,
pero tú no supiste verme.
Pasaste de largo,
padre.

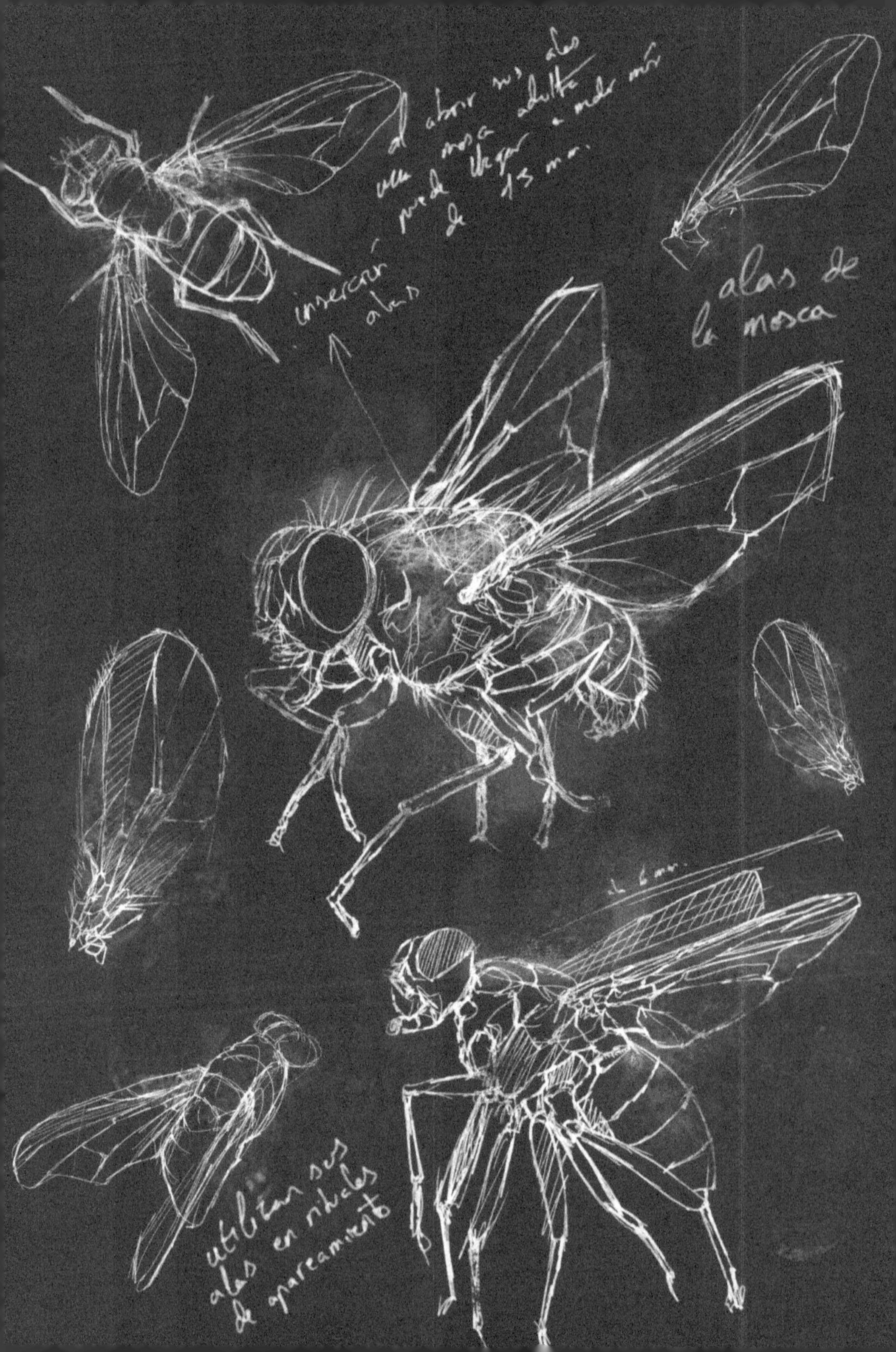

una mosca adulta
al abrir sus alas
puede llegar a medir más
de 15 m.

insercion
alas

alas de
la mosca

utilizan sus
alas en rituales
de apareamiento

PARTE SEGUNDA

INVIERNO

Cada día, al caer la tarde,
mi madre se sienta a descansar
junto a la ventana.

La luz de los días de invierno
ilumina su rostro.

Ella no sabe que yo la veo
desde el otro lado de la habitación.

Extiende sus ojos hacia nada concreto,
desplegando una hermosa mirada.
Escucho su respiración
que poco a poco se convierte en suspiros.

«¿En qué piensas?»

Mi madre tarda en responder.

Con sus primeras palabras
me sienta en el borde de su memoria
y viajamos.

La tomo de la mano fuertemente,
el viaje es confortable en su regazo.

Ella me muestra todas aquellas cosas
que nunca supe.
Yo no digo nada,
no quiero interrumpirla.

Dejo que pasen así las horas,
junto al calor de su cuerpo,
junto al latir de su corazón

Dejo que pasen las horas,
dejo que ella me traiga de vuelta.

ESPEJO

Cuando volví a mirarme en el espejo,
ya habían pasado cien años por mi rostro.

Mil años en mi rostro,
tres horas son mil años.

Debajo
se encuentra la realidad escondida,
sin querer salir,
como una niña asustada.

Vuelvo a mirar en el espejo
y el viento se lo ha llevado todo.
Ya no veo ni rastro de la mujer de cien años.

El reloj se para,
el reloj viejo sin agujas,
el susurro de una madre
cantando a su bebé una nana.

Las madres muertas
cantan nanas a sus bebés muertos
y a los que están vivos,
y a los que no nacieron.

Pasos

Pasos, pasos. Uno, dos…
He contado los veinte pasos
hacia la vida.
He contado los veinte pasos
hacia la muerte.

Tengo un collar de cuentas
de veinte pasos.

No puedo evitar volver
una y otra vez.
Cada mañana,
cada noche,
ese regreso recurrente,
veinte pasos tuyos.

El tramo de la vida eterna.

SUEÑOS

Me he despertado
sintiendo calor.

Mi hijo era pequeño.
Dormía en la cama de al lado
de la habitación de al lado.
Era pequeño.

Te quiero y me abandono,
te beso con desesperación.

Y me he despertado,
y todo había sido un sueño,
y ahora te estoy llorando,
y me estoy llorando a mí misma.

Mi hijo es grande.
Duerme en la habitación de al lado
y te estoy llamando,
pero ya no respondes.

DETRÁS DE LAS RAMAS

A machetazos,
usando las manos
amputadas.

A machetazos,
con toda la ira,
talo el bosque
cada mañana.

Pero siempre llueve
al atardecer.

Crecen nuevos bosques
sobre los cuerpos
de los árboles talados

Tú sigues allí,
detrás de las ramas
que lloran sus cuerpos
talados junto al tuyo.

AL OTRO LADO

Pego la cara
en el cristal frio
de la puerta de mi memoria.

Rápidamente, entre mi cara
y el cristal de la puerta,
surge una humedad
que marca los límites.

Se nublan mis ojos
de niebla milenaria.

Esos mil años de la mujer
frente al espejo.

Escucho ruidos,
me llegan aromas,
risas cómplices.

Intuyo por la forma
a una niña pequeña
que pela patatas.

Mira hacia arriba.

Estira con su mano
el mandil de su madre,
una matriz sangrante.

¿Mamá, ya está?
¿Me quedó bien?

La madre está de espaldas,
no puedo verla.
Ahora no puedo verla,
es demasiado pronto.

Sin embargo,
puedo sentirla
al otro lado del cristal,
al otro lado que marca
la humedad nacida
de mis ojos.

Solo veo a la niña,
destapando pucheros;
a la niña cortándose un dedo;
a la niña probando de las manos
de su madre.

La niña mira y puede verla.

Mil años me separan.
Ellas se quedaron allí
para siempre.

Fósiles sangrando,
tras las ventanas translúcidas
de mi memoria.

Compuertas

Te dejé sentada
con la cabeza inclinada.

Bordabas
los más bellos tejidos de seda
con los ojos entreabiertos.

Tus pestañas eran frágiles compuertas
para el torrente de tus lágrimas.

Hoy los brotes de primavera te convocan,
la brisa cálida de la tarde te convoca.

Pero yo no puedo rescatarte
de este pantano seco.

Solo puedo sentarme
a bordar tejidos de seda

e inundar la tierra que te abraza
con mis lágrimas.

PERRO

Tengo el corazón
mordido por un perro
y tengo un puñal clavado
en la garganta.

Creo que estoy en un estado
lamentable.

Desesperadamente
trato de persuadir al perro
para que me suelte,
pero sus fauces
aprietan fuertemente;
noto la temperatura de su lengua,
que se suma a la temperatura
de mi corazón.

Un latido
y él aprieta los incisivos.
No tengo escapatoria.

Y me rindo.

Voy a tener
que acostumbrarme
a esta tortura.

El perro y yo,
ya juntos para siempre,
y su mordisco.

DOMESTICADO

Saltas a mis brazos
cuando llego a casa.
Te acaricio,
me lames la cara.

Jugamos, te tiro la pelota,
sales corriendo y vuelves a mí.

Nos hemos acostumbrado el uno al otro,
tan discretamente nos queremos
domesticados,

porque ya no hay antídoto,
porque todo quedó dicho,

y ahora estamos aquí
tú y yo,

mi fantasma domesticado,
fiel animal de compañía,

bebiéndonos una botella vacía tras otra,
vomitando las horas de la madrugada,
mirándonos frente a frente,
prometiéndonos que será la última vez.

ESCALERAS

Subo los peldaños
de las escaleras
de todas las casas.

Las escaleras
que subo y bajo.

Las escaleras
de todas las casas
deshabitadas

de gente,
de pasos,
de sonidos.

LAVADERO

Vasos comunicantes,
comunicantes
todos los fluidos pasan
por los vasos comunicantes,
centrifugando sábanas, manteles
las plantas que adornan la casa,
tu noche de bodas,
la inocencia interrumpida,
la paella del domingo,
la mesa puesta,
Padre Nuestro que estás en los cielos,
la comida de ayer echándose a perder,
las cartas sin abrir,
los abortos de los hombres
que no engendran
y el telediario primera edición.

La ronda

Aquella noche,
un llanto.

Alguien llora,
afinando silencios.

Tras tus pasos,
reclama tu nombre.

Tras tus pasos,
silencio.

SILENCIO

Silencio de pasiones,
todo queda cubierto
por las aguas.

Tumbas sin tierra ni raíces,
flores flotando a ninguna parte,

como los cuerpos,

nadie al rescate,

memoria a la deriva.

COSAS

Te has dejado mi pantalón doblado
en la cesta de la costura.
Te has dejado los calcetines por emparejar.
Te has dejado un ovillo de lana,
unas agujas de ganchillo,
unos trozos de tela.

Te has dejado una bolsa
dentro de una bolsa,
dentro de una bolsa,
dentro de una bolsa,
que contiene un trocito de tela
estampado de estrellas.

Te has dejado unas manos
que esperan acariciar tu pelo.

Te has dejado una ausencia
que se desborda por las ventanas,
puertas y balcones de mi casa.

DIFERENCIAS

¿Qué diferencia hay entre una madre
que se arroja por una ventana
y una madre que muere
en un cuarto de baño?

Nos faltan las fuerzas,
pero al final levantamos
sus cadáveres.

No hay diferencia alguna.

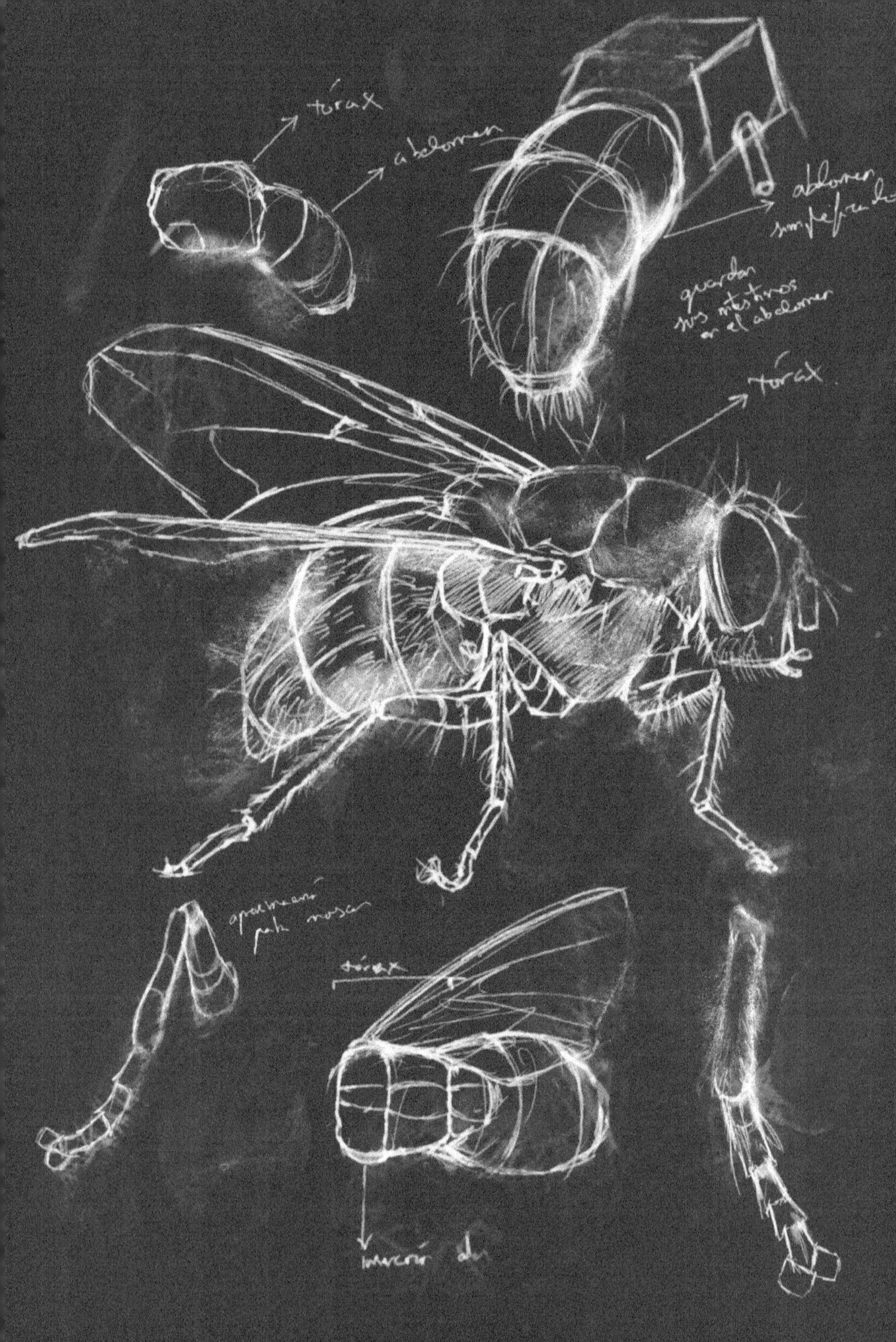

tórax
abdomen
abdomen simple
guardan sus intestinos en el abdomen
tórax.
tórax
inversión de

PARTE TERCERA

CARRETERAS SIN LUZ

Noches insomnes,
noches de riguroso silencio,
de carreteras infinitas
que empiezan en mi cama
y se pierden en el horizonte,

horizonte donde ya no se puede ver nada,
porque las lágrimas no alcanzan,
o tal vez porque las noches
ya no tienen estrellas fugaces.

Noches de carreteras infinitas,
pies que se pierden bajo las sábanas
sin encontrar un camino de vuelta;
sábanas que cubren mi cuerpo desnudo,
en el que ya no nacen flores.

Carreteras insomnes
que siempre me recogen
en la misma estación.

Yo lo intento.

Noche tras noche me doy a la fuga
y corro y corro por las líneas discontinuas
de esta carretera negra sin estrellas,

pero acabo siendo un pequeño punto negro
al final de ninguna parte.

Terca noche negra sin estrellas
que vienes a visitarme.

Le canto nanas a la noche,
pero ella es sorda.

Sentido del gusto

Hoy me sabe la boca
a garaje con olor a gasolina.

Me sabe a tomates pudriéndose
debajo de la casa donde
hay goteras de lágrimas infames
por infinitas.

Me sabe la boca
y la vida
a una sinfonía sin terminar,
a un color amarillo puro,
sin rastro del verde
ni del rojo.

Me sabe la vida
a una boca que ya
no me besa más.

METAMORFOSIS

Hoy quise ponerme
zapatos de tacón.

Algo ha pasado.

Me han salido ramas
en las plantas de los pies
y no sé en qué momento.

Sé que no tengo resaca.

Son unas ramas verdes
de tallo leñoso,
me siento rígida.

He ido corriendo al baño,
tropezando con vasos vacíos.
Ojalá fueran de whisky.

No tengo valor para ser alcohólica.

No llego al baño,
demasiado tarde.

No avanzo, no retrocedo.

Estoy clavada en mitad
del pasillo.

Mis ramas penetran
súbitamente en el suelo,
ya son raíces viejas.

Sigo ahí, inmóvil.

Mi cuerpo sin forma.

Anidan los gusanos
en un corazón abandonado.
¿Vendrán las mariposas
en primavera?

NAVIDAD

Las cuatro de la mañana.
Oigo a mi madre levantarse.
Prepara la masa de la Navidad
desde temprano.

Yo me levanto y, a escondidas,
miro las manos de mi madre.
La veo desde arriba de las escaleras
del sótano, afanada entre harina,
anís, aguardiente, limón y canela,
aceite de oliva, panilla y media.
Frío en el suelo, chocolate caliente.

Mis hermanas ponen la mesa.
Mis hermanos traen la leche de las cabras,
el paquete escondido de mi abuela
atado con un cordón de pita.

Chimenea encendida, ceniza y fuego.
Navidad que dura poco.

Me he despertado esta mañana con frío.
La caldera de la calefacción está rota
y no encuentro la llave de la puerta
que abre el mundo.

NO SABER

No saber qué ha pasado,
no saber ponerle nombre,
no saber su sabor,
no saber su temperatura,
no saber la textura,
no saber,
no entender.

No saber ponerle nombre

y

saber que algo me está
agarrando muy fuerte
el corazón.

No me lo suelta.

Llevo así desde que te fuiste.

¿Acaso no vas a volver?
¿Es que no piensas volver?

No dejes
que le ponga nombre,
ni fecha, ni hora,
ni sabor, ni textura.

¿Querrás hacer eso por mí?

Nocturno de naranja

Tú también tomarás
un preparado de naranja
dentro de muchos veranos.
Esta noche de verano
no tengo naranjas frescas,
tengo un gran insomnio.

Pongo muchos hielos
en una jarra de cristal que se congela
inmediatamente.
Cuando la cojo, mis dedos se pegan.
Está muy fría.
He comprado en el supermercado
una botella de zumo de naranja
con los dos euros
que me quedaban en el bolsillo.
He llenado la jarra y me la he bebido
trago a trago y sin descanso.

Hace tanto calor
que he dejado que se me derrame
por toda la boca
y por todo mi pecho.
El zumo de naranja va llegando
hasta mi ombligo,
hasta mi vientre,

hasta mi sexo,
y voy cerrando los ojos:
los veranos de hace muchos veranos,
el olor de los preparados de naranja
con agua de hace muchos años
y el azúcar que se seca en la boca,
y en el ombligo,
y más profundo.
Hace mucho calor,
va a ser una larga noche de verano
como la que vivirás
dentro de muchos años.

NUESTRO VALS

Espectadora de número indefinido
de un día indefinido
a las doce en punto de la noche.

Paseo por la calle del acordeonista,
soy su última espectadora.

La noche se adentra vacía
y se deja caer en los bancos vacíos,
en las farolas encendidas,
en los cierres de las casas.

Mientras el acordeonista
se entrega a la música,
me mira y me ofrece
sus últimos compases.

Valses y tangos desafinados.

Dedicamos el baile
a nuestros muertos,
mientras la ciudad
se cierra a cal y canto.

PARTE CUARTA

SACRIFICIO

Tras el sacrificio,
la sangre cae,
pesa la gravedad,
cae.

Unas manos de mujer
remueven la sangre
en círculos,
danza de las manos
en sangre y a sangre viva.

Las vírgenes rezan
su último rosario
a las claras del sol.

Aún no ha amanecido
y sus cuerpos se enfrían
sobre las camas,

altares sin flores
a punto de sucumbir.

SOLDADITOS DE PLOMO

¿Os acordáis?

Cuerpos
huyendo del invierno.

Niños soldado,
pesadas armas
en sus jóvenes brazos.

La carne que se escapa
por los pliegues de la ropa.

Botones dorados
disparando a dar.

Rastros de escamas
en el campo,
olor a tierra ácida,
como el sexo precoz
de los adolescentes.

El campo está plagado
de desertores sin rumbo.

PADRE

«Padre», palabra «padre».
Resuena entre paredes «padre».

Palabra clave resuena: «padre».
Mientras busco al padre.
descifro todo tipo de códigos,
pero no sé leer ninguno.

Esos abrazos

Abrazaba a mi hermano
con tanta fuerza
que no pude llorarte a ti.
Le lloraba
a él
y a mí,
huérfanos de nacimiento
desde hacía tanto tiempo.

¿Cómo debíamos llorarte a ti?

Al otro lado del cristal
yo quise imaginar a un niño
sin nada en los bolsillos,

solo,

rodeado de peligros
lleno de miedo.
¿Qué te hicieron?

Imaginé a un niño
que me mira desde el verde
de las profundidades de su alma.

Imaginé a un niño
que quiere volver a casa
y no encuentra el camino,

y pude imaginarte,
y quererte por primera vez,

y llorar al niño,
y dejarle ir en paz.

LA CARTA

Hoy he recibido una carta
dirigida a mí.
Tiene mi nombre y mis apellidos.

Es una carta sin remitente,
aunque sé que la envía mi hermana.
Despliego el folio formalmente doblado
por cuatro partes.
En él se redacta la hora de la muerte
de mi padre y el día.

La muerte de un hombre cabe
en un folio y en unas cuantas palabras.

Hoy he abierto la muerte de mi padre
y su tumba.
El cuerpo está aún fresco,
su alma me visita a las cinco de la madrugada.
Es un hombre viejo y vivo
que me persigue con sus ojos verdes
del hombre joven que fue
más allá de la vida y de la muerte,
más allá de los días y de los años.

EL PRINCIPIO

Cuando os miré,
os reconocí.

Pasaron muchas vidas,
pero allí estábamos los cinco.

La sala era fría, grande.

Mientras una voz daba lectura,
allí estábamos los cinco.

Yo solo veía a los niños soldado
vencidos por el tiempo,
vencidos por el sol,
sin armas ni estandartes.

La sala era fría.

Nadie vino a rescatarnos.

Después de la vida

Nos abrazamos
como dos supervivientes
de una guerra,
con las armas entregadas,
con los cuerpos devastados.

En este punto justo
la vida nos reclama
y recoge los trofeos
de nuestros cuerpos.

Tú sujetas mis mejillas
con tus manos temblorosas,
mientras yo rodeo
tu cuerpo con las mías.

No queda nada ni nadie
en el campo de batalla.
El viento lame los restos
de sangre de los muertos.

El silencio colma de palabras
cuanto no somos capaces de decir.

AMONTONADOS

Todas las madres del mundo
buscan a sus hijos
entre las montañas
de cuerpos desvanecidos.

Amontonados cuerpos
que amamantan las madres.

Solo ellas pueden rescatarles.

Amamantan a sus hijos,
aunque estén ya muertos.

Amamantan a sus hijos,
aunque no les devuelvan la vida.

CONGELADOR

Ya somos muchos
los que nos encontramos
a nuestros padres en la nevera.
Se lo he leído a un poeta anónimo
y me sumo a su pensamiento,

porque abro la nevera de mi casa
y me encuentro allí a mis padres
todos los días. Ni una sola vez
me pasan inadvertidos,

detrás de un bote de berenjenas aliñadas,
detrás de un bote de mermelada
de tomate a medio terminar.

Me encuentro con dos historias de amor
potentes e irrepetibles,
tan distintas y tan incrustadas
en el tejido de mis células.

Tengo en el congelador un puñado
ilimitado de amor correspondido,
y una colección de recuerdos sin clasificar,

dosis y dosis de deseos caducados
que me resisto a tirar a la basura
y estantes llenos de exigencias heredadas.

Quisiera desde mañana darme una tregua
y no abrir la nevera.
Empezaré por limpiar a fondo
el tostador de pan,
pero creo que va a ser imposible
renunciar al recuerdo del olor
de las tostadas de mi madre.

Índice